ALBERT EINSTEIN

GRANDES INVENTORES
DISCOVER THE LIFE OF AN INVENTOR

Don McLeese

Rourke Publishing LLC
Vero Beach, Florida 32964

www.rourkepublishing.com

PHOTO CREDITS: Cover, pgs 8, 10, 18 ©Getty Images; pg 13 ©AFP/Getty Images; Title, pgs 4, 15, ©AIP/Emilio Segre Visual Archives; pgs 7, 16, 21, from the Library of Congress

Title page: *Albert Einstein y su esposa Elsa*
Albert Einstein and his wife, Elsa

Library of Congress Cataloging-in-Publication Data

McLeese, Don.
 Albert Einstein / Don McLeese.
   p. cm. -- (Grandes inventores)
 Includes bibliographical references and index.
 ISBN 1-59515-673-9
 1. Einstein, Albert, 1879-1955--Juvenile literature. 2.
Physicists--Biography--Juvenile literature. I. Title.
 QC16.E5M366 2006
 530'.092--dc22

Printed in the USA

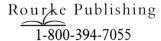

Rourke Publishing
1-800-394-7055
www.rourkepublishing.com
sales@rourkepublishing.com
Post Office Box 3328, Vero Beach, FL 32964

TABLA DE CONTENIDO
TABLE OF CONTENTS

EL GENIO

Hay quienes tienen una inteligencia superior a la mayoría. A esas personas las llamamos **genios**. No ha habido en la historia un genio más famoso que Albert Einstein.

Einstein fue un gran científico, pero sobre todo fue un gran pensador. Sus ideas cambiaron la forma en que todos los científicos (y la gente como tú y como yo) pensaban acerca del mundo.

THE GENIUS

Some people are smarter than just about everyone else. We have a word for such a person. We call him or her a **genius**. There has never been a more famous genius than Albert Einstein.

Einstein was a great scientist, but, most of all, he was a great thinker. The way he thought changed the way that all scientists (and all of us!) think about the world.

Albert Einstein fue uno de los hombres más inteligentes de la historia.

Albert Einstein was one of the smartest people who ever lived.

UN NIÑO ALEMÁN

Albert Einstein nació el 14 de marzo de 1879 en Alemania. Nació en la ciudad de Ulm, pero cuando apenas tenía un año de nacido, su familia se mudó a Munich. Su padre se llamaba Hermann y su madre Pauline.

A GERMAN BOY

Albert was born on March 14, 1879, in the country of Germany. He was born in the city of Ulm, but when he was a year old, his family moved to the bigger city of Munich. His father was named Hermann, and his mother was named Pauline.

Einstein was born in Ulm.

Einstein nació en Ulm, Alemania.

LA BRÚJULA

Cuando Albert tenía cinco años, su papá le mostró una **brújula**. No importaba en que dirección Albert la moviera, la aguja siempre apuntaba hacia el norte. Albert se quedó asombrado.

Su padre le explicó que la aguja siempre apuntaba hacia el norte debido a un fuerza llamada magnetismo. Era como si el polo norte fuera **un imán** que atraía la aguja en esa dirección. Albert se maravilló con esa fuerza poderosa que no podía ser vista. Fue el comienzo de su interés en la ciencia.

THE COMPASS

When Albert was five years old, his father showed him a **compass**. No matter which way Albert moved the compass, the needle would always point to the north. Albert was amazed by this.

His father explained that the needle always pointed north because of a force called "magnetism." It was as if the North Pole was a **magnet**, making the needle point in that direction. Albert wondered about this powerful force, something that couldn't be seen. It was just the beginning of Albert's interest in science.

Una foto de Albert y su hermana

Young Einstein photographed with his sister

UN ESTUDIANTE PROMEDIO

A pesar de que en la actualidad consideramos a Albert Einstein como una de las personas más inteligentes de la historia, sus maestros pensaban que él no era nada inteligente. Le tomó más tiempo hablar que a la mayoría de los niños, y cuando lo hizo, tenía dificultades para expresar sus ideas.

AN AVERAGE STUDENT

Though we now consider Albert one of the smartest people who ever lived, some of his teachers thought he wasn't a very smart boy at all. It took him longer to learn to talk than most children. When he did talk, he had trouble putting his thoughts into words.

De adulto, Einstein no era una persona común.

11

As an adult, Einstein was far from average.

El pequeño Einstein también tenía problemas de memoria. Leía un texto una y otra vez sin recordar lo que había leído. Era bueno en matemáticas y sin embargo, muchas veces cometía errores tontos porque trataba de sumar y restar demasiado rápido.

Young Einstein also had problems with his memory. He would read things over and over without remembering what he had just read. He was best with numbers, but he sometimes made careless mistakes because he was trying to add or subtract too quickly.

Time *magazine named Einstein "Person of the Century" in 1999.*

En 1999, la revista Time *nombró a Einstein "El hombre del siglo".*

DECEMBER 31, 1999 $4.95

www.time.com

PERSON OF THE CENTURY

TIME

ALBERT
EINSTEIN

UN EXAMEN IMPORTANTE

A la edad de 17 años, Albert tomó un examen importante. A aquellos que lo aprobaban les era permitido continuar los estudios para llegar a ser ingenieros eléctricos. ¡Era una excelente oportunidad, pero Albert suspendió el examen! Continuó estudiando matemáticas y ciencia.

AN IMPORTANT TEST

When he was 16, Albert took an important test. Those who passed would be allowed to continue their education and become electrical engineers. This was a good job, but Albert failed the test! He continued to study mathematics and science.

Albert Einstein often took time out from his work to enjoy sailing.

Albert Einstein solía pasar su tiempo libre navegando en barcos de vela.

TODO ES RELATIVO

Después de graduarse de la universidad en 1900, Albert pasó la mayor parte del tiempo haciendo **experimentos** científicos. En 1905, escribió tres artículos científicos que revolucionaron el campo de la física. En uno de ellos presentó su teoría de la relatividad.

IT'S ALL RELATIVE

After graduating from college in 1900, Albert spent much of his time with scientific **experiments**. In 1905, he wrote three papers that changed the scientific field of **physics**. One of these introduced his "special theory of **relativity**."

*Una fotografía de Einstein
en 1947*

*A photograph of Einstein
taken in 1947*

Einstein mostró cómo las diferentes cosas se relacionaban entre sí: la materia y la energía, el tiempo y el espacio. En 1915, terminó un artículo que aplicaba su teoría a la forma en que la **gravedad** funciona en todo el universo. La llamó "teoría general de la relatividad."

Einstein showed how different things relate to each other, such as matter and energy, or time and space. In 1915, he finished a paper that applied his theory to how **gravity** works in the entire universe. He called this his "general theory of relativity."

PREMIO PARA UN CIENTÍFICO

En el año 1922, Albert Einstein recibió el Premio Nobel de física. El Premio Nobel es el premio más importantes del mundo. Einstein se mudó a los Estados Unidos de Norteamérica en el año 1933 y vivió el resto de su vida en la ciudad de Princeton, en el estado de Nueva Jersey. Continuó trabajando en sus teorías para explicar cómo funciona el universo. A su muerte, el 18 de abril de 1955, ya era considerado por muchos el genio más grande de la historia.

PRIZE-WINNING SCIENTIST

In 1922, Albert Einstein was awarded the Nobel Prize in physics. The Nobel Prizes are the most important awards in the world. He moved to the United States in 1933 and lived the rest of his life in Princeton, New Jersey. He continued to work on theories to help explain how the universe worked. When Einstein died on April 18, 1955, he was considered by many the greatest genius who had ever lived.

Einstein became an American citizen in 1940.

Einstein se hace ciudadano americano en 1940.

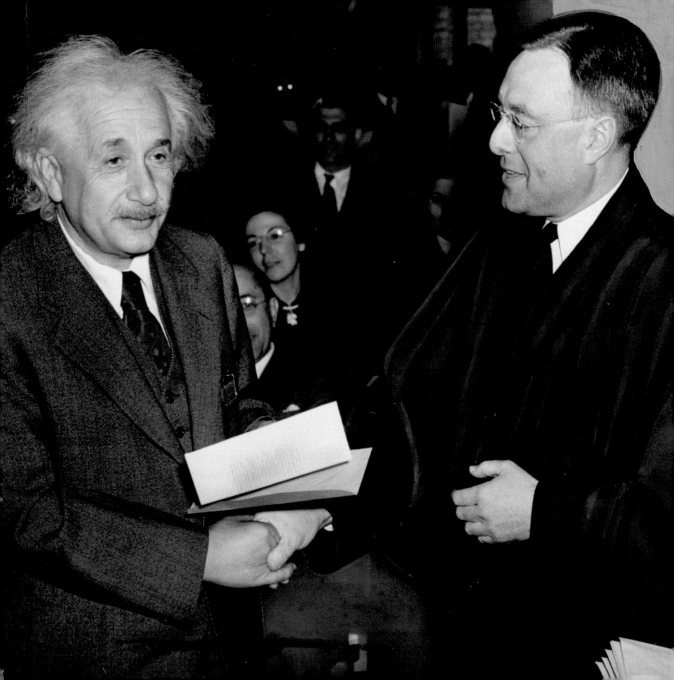

FECHAS IMPORTANTES
IMPORTANT DATES TO REMEMBER

1879   Nace Elbert Einstein.
Albert Einstein is born.

1884   Albert recibe su primera brújula y se interesa en cómo funciona el mundo.
Albert gets his first compass and becomes very interested in learning how the world works.

1900   Se gradúa de la universidad.
Albert graduates from college.

1905   Albert tiene un año formidable, en el que escribe tres artículos científicos acerca de sus teorías.
Albert has a "miracle year" in which he writes three important papers on his theories.

1915   Escribe su "teoría general de la relatividad".
Albert writes his "general theory of relativity".

1922   Recibe el Premio Nobel de física.
Albert wins the Nobel Prize in physics.

1955   Muere Albert Einstein.
Albert Einstein dies.

GLOSARIO / GLOSSARY

brújula — caja con una aguja imantada que señala siempre hacia el norte

compass (KUM pus) — a dial with a needle that points to the north and shows which direction it is

experimentos — pruebas, exámenes para descubrir, comprobar o demostrar algo

experiments (ek SPARE uh mentz) — tests of something, to try something out

genio — persona extremadamente inteligente

genius (JEE nyus) — a very, very smart person

gravedad — fuerza que ejerce la Tierra sobre todos los cuerpos hacia su centro

gravity (GRAV ut ee) — the force of the earth or other large masses that draws smaller things to it

imán — objeto que atrae otros objetos hacia sí

magnet (MAG net) — an object that draws or attracts other objects to it

física — ciencia que estudia la energía y la materia

physics (FIZ icks) — the science of energy and physical matter

relatividad — cómo las cosas dependen o se relacionan unas con otras

relativity (REL uh TIV ut ee) — how things affect each other or relate to each other

ÍNDICE / INDEX

Lecturas recomendadas / Further Reading

Brown, Don. *Odd Boy Out: Young Albert Einstein.* Houghton Mifflin, 2004.
Schaeffer, Lola M. and Wyatt S. *Albert Einstein,* Pebble Books, 2003.

Sitios en la red / Websites to Visit

www.aip.org/history/einstein/
www.pbs.org/wgbh/nova/einstein/index.html

Notas sobre el autor / About the Author

Don McLeese es profesor asociado de periodismo de la Universidad de Iowa. Ha ganado muchos premios como periodista y su trabajo ha sido publicado en numerosos periódicos y revistas. Ha escrito muchos libros para jóvenes lectores. Vive en West Des Moines, Iowa, con su esposa y sus dos hijas.

Don McLeese is an associate professor of journalism at the University of Iowa. He has won many awards for his journalism, and his work has appeared in numerous newspapers and magazines. He has written many books for young readers. He lives with his wife and two daughters in West Des Moines, Iowa.